DE LA TACITE RECONDUCTION

DANS

LES ASSURANCES TERRESTRES

Etude de jurisprudence

PAR

E. LEFRANÇOIS
Docteur en droit
Avocat à la Cour d'appel de Grenoble

LYON
IMPRIMERIE EMMANUEL VITTE
30, Rue Condé, 30

1892

DE LA TACITE RECONDUCTION

DANS

LES ASSURANCES TERRESTRES

Etude de Jurisprudence

DE LA TACITE RECONDUCTION

DANS

LES ASSURANCES TERRESTRES

Etude de jurisprudence

PAR

E. LEFRANÇOIS
Docteur en droit
Avocat à la Cour d'appel de Grenoble

LYON
IMPRIMERIE EMMANUEL VITTE
30, Rue Condé, 30

1892

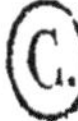

DE LA TACITE RECONDUCTION

DANS LES

ASSURANCES TERRESTRES

INTRODUCTION

Le contrat d'assurance prend fin par les modes d'extinction auxquels sont soumis tous les contrats :

Il peut être *annulé*, s'il lui manque un des éléments essentiels à son existence, ou, du moins, à sa validité. — Il est sujet à *résiliation*, lorsque l'engagement régulièrement formé est mis à néant par un fait postérieur tel que l'inexécution de ses obligations par l'une des parties. — L'assurance *cesse* quand elle a produit son effet normal, quand, par exemple, un sinistre total fait disparaître l'objet assuré : le risque étant supprimé, il n'y a plus matière à contrat.

Enfin, une police *expire* lorsque le laps de temps pour lequel elle était souscrite est arrivé à son terme. Toutefois, on insère assez souvent dans les conventions une clause en vertu de laquelle l'assurance est renouvelée de plein droit pour une période de même durée ou pour un nombre d'années déterminé, si avant l'expiration de son premier engagement l'assuré n'a point manifesté une volonté contraire, dans certaines conditions de forme et délai.

Nous nous proposons d'étudier ici cette modalité particulière connue dans la pratique sous le nom de *tacite reconduction*. Cette expression, empruntée (assez improprement d'ailleurs), à la matière du louage, peut prêter à équivoque. Dans la langue du droit, la tacite reconduction est la prorogation d'un contrat au-delà de son terme, par l'effet de circonstances qui impliquent chez les parties la persistance de l'accord des volontés. En appliquant cette idée à l'assurance, on pourrait faire résulter la prorogation de ce que, malgré l'expiration de la police et indépendamment de toute clause spéciale, la compagnie et l'assuré ont continué l'une à percevoir les primes, l'autre à les payer sans protestation. — Hâtons-nous de dire qu'il n'y aurait point, dans ce cas, tacite reconduction, parce qu'il n'existe pas, en pareille matière, de disposition analogue à celle qu'a édictée pour le louage l'art. 1738 du Code civil. A cet égard, la seule loi qui régisse les assurances est celle que se font les parties en contractant; d'où cette conséquence qu'elles ne peuvent se prévaloir de la tacite reconduction si elles ne l'ont expressément stipulée. Sous le bénéfice de cette observation, nous ne voyons aucun inconvénient à nous servir, au cours de cette étude, de la terminologie consacrée par l'usage. Nous traiterons successivement de la clause et de ses variantes, de sa portée, de sa validité juridique, enfin du désistement qui est l'acte par lequel on évite ses effets.

I

La clause de tacite reconduction est susceptible de variantes infinies ; on peut cependant ramener toutes les formules à deux types : la *prorogation* proprement dite, et la *convention à long terme avec faculté de résiliation.*

Le premier mode est surtout usité dans l'assurance à primes fixes. L'engagement est conclu pour 3, 4, 5... ans, et il est expliqué que si avant l'expiration de ce laps de temps l'assuré n'a pas signifié son désistement, le traité est censé *renouvelé* soit pour une période égale à la première, soit pour une série de périodes, soit enfin pour un nombre d'années prévu par les statuts, à l'expiration desquelles, faute d'un renouvellement exprès, la police prend fin de plein droit.

Quand on contracte avec une mutuelle, la clause adopte une autre forme : on dit, par exemple, que l'assurance est souscrite pour la durée de la société, sauf le droit réciproque des parties de *rompre* l'engagement à la fin de chaque période de 4 ou 5 ans, en se prévenant six mois d'avance.

Quelle que soit la formule employée, toutes les stipulations reposent sur la même idée et tendent au même but. L'assurance n'est point un de ces contrats dont il est possible de calculer la durée *a priori*. Destinée à couvrir un risque, elle doit, en principe, ne prendre fin qu'avec le risque lui-même, rien n'est donc plus arbitraire que la détermination du terme à fixer aux conventions. Souvent on hésite à se lier pour une longue période ; on s'assure pour quelques années et l'on se promet de renouveler sa police en temps utile. Encore faut-il se prémunir contre les suites d'une négligence ou d'un oubli toujours faciles à commettre, et ne point s'exposer à demeurer sans recours en cas de sinistre. Notre clause a pour effet d'éviter ce résultat fâcheux, sans porter la moindre atteinte à la liberté des parties. Même après l'expiration de sa police, celui qui a traité avec la compagnie reste assuré, *à moins* qu'il ait manifesté son intention de ne plus l'être. Son silence équivaut à consentement, rien de plus ; il a le droit le plus absolu de se dégager, pourvu qu'il l'exerce dans les conditions déterminées par son contrat. La tacite reconduction prévient ainsi bien des surprises, pour le plus grand profit de tout le monde. Aussi, est-elle d'une pratique constante dans la mutuelle et d'un usage de plus en plus fréquent dans l'assurance à primes fixes.

II

— On a cependant contesté son caractère obligatoire en disant qu'elle constitue, dans plus d'un cas, un piège tendu à la bonne foi de l'assuré. Ce dernier, comme l'observe M. de Lalande, ignore bien souvent que pour faire cesser l'effet du contrat il doit prévenir la compagnie un certain temps avant l'expiration d'une période fixée par la police, et indiquée seulement dans les clauses imprimées. A défaut de désistement dans ce délai, l'assuré se trouve engagé pour longtemps encore, à son insu, alors que, dans la conviction où il était que sa première police ne le couvrait plus, il a assuré le risque à une autre compagnie. Il s'ensuit une aggravation de charges assez appréciable, sans la moindre compensation (V. de Lalande et Couturier. *Traité de l'assurance contre l'incendie*, n° 879. Cf. dissertation des Pandectes françaises sous le jugement du tribunal de commerce de Honfleur du 30 novembre 1889. Pand. franc. périod. 1890, 2-72).

L'inconvénient existe, il faut le reconnaître, mais il n'atteindra jamais l'assuré vigilant. Comme la clause dont il s'agit doit être formellement exprimée, quiconque veut se donner la peine de lire sa police sera bien vite édifié sur les conditions générales et particulières de son engagement, par conséquent, sur les formalités à remplir pour y mettre fin. Quant à l'assuré négligent, il ne pourra s'en prendre qu'à lui-même si l'assurance se prolonge au delà de ses prévisions mal fondées : la validité d'une stipulation qui n'a rien de contraire à l'ordre public ne saurait dépendre du point de savoir si les contractants se sont pénétrés de la portée de leurs actes et s'ils auront le souci de leurs intérêts.

Ces principes étaient consacrés, dès 1851, par le Tribunal civil de la Seine, en des termes qui méritent d'être rapportés (jugement du 18 juillet 1851. *Bonneville de Marsang y*. III. 32) :

« Attendu que par conventions verbales du 6 novembre

1840 Goin et Cie ont assuré une partie du mobilier de Jugl contre les accidents déterminés par les parties, moyennant prime annuelle de 48 francs ; que la durée de cette assurance a été fixée à dix années consécutives, avec la condition que les susdites conventions seraient renouvelées de plein droit pour une deuxième période de dix années, si, trois mois avant leur expiration, l'une des parties n'avait pas notifié à l'autre qu'elle n'entendait pas consentir à ce renouvellement; qu'en outre il a été convenu que la prime serait payée d'avance d'année en année. — Attendu que le défendeur n'a pas prévenu Goin et Cie, dans les délais fixés, qu'il entendait faire cesser son assurance ; qu'il s'ensuit qu'il est obligé, par tacite reconduction, à continuer ladite assurance pendant une deuxième période de dix années qui ont commencé à courir du 6 novembre 1850, et qu'il doit être tenu au paiement de la somme de 48 fr. pour la prime échue le 6 novembre 1850. — P. c. m... etc...

— Au reste, la question de validité n'était pas la seule agitée. Il ne suffit pas de savoir que la clause de tacite reconduction est licite, il y a lieu encore de rechercher quelles sont les conséquences de cette stipulation. L'assuré, par exemple, doit-il, à peine de forclusion, signifier son désistement à l'époque fixée par la police, et le moindre retard entraînera-t-il pour lui la perte de ce droit? Faut-il au contraire, reconnaître aux délais un caractère purement *comminatoire*, et autoriser les tribunaux, après examen des faits de la cause à relever l'assuré de la déchéance? Cette dernière thèse n'était pas insoutenable au point de vue des principes, car, en matière de délais, une déchéance fatale ne saurait résulter que de la loi, non de la convention, à moins que les parties ne s'en soient formellement expliquées. — La forclusion ne se présume jamais.

L'opinion n'a point prévalu. Dans un arrêt du 9 janvier 1855 (*Bonn. de Mars.* II. *162*,) la Cour de Lyon, réformant un jugement du Tribunal civil du 13 janvier 1854, s'est nettement prononcée pour le caractère *péremptoire* de la déchéance encourue :

Attendu, dit la Cour, qu'il résulte de l'art. 11 de la police intervenue entre la Cie *le Soleil* et Bouyer-Fore, qu'elle devait être prorogée si, dans les trois mois précédant l'expiration de la période énoncée dans l'acte, l'une ou l'autre des parties n'avait manifesté l'intention de se retirer et de faire cesser l'assurance; — Que, dans la cause, il est constant que la première période finissait au 20 janvier 1853, et que Bouyer Fore a fait signifier la volonté de renoncer à l'assurance seulement le 9 novembre précédent; qu'en conséquence, la Compagnie *le Soleil* soutient que la prorogation dérivant de l'art. 11 est acquise à son profit, faute par l'assuré de s'être conformé au délai de trois mois fixé par les contractants,

Attendu que pour se soustraire à l'applicacation de l'art. 11, Bouyer soutient : 1°.... 2° que le délai de trois mois doit, dans tous les cas, être considéré comme comminatoire;... — Attendu, en ce qui concerne le second moyen, qu'à la vérité, dans certains cas, le retard apporté à l'exécution d'un engagement peut être réputé comminatoire et que la justice est autorisée à relever la partie de la déchéance par elle encourue, mais que cette règle cesse d'être appliquée *lorsque c'est précisément le retard qui fait naître le nouveau droit :* que, dès lors, il constitue une première partie de l'obligation corrélative à la seconde qui ne peut plus en être séparée, un contrat ne pouvant jamais être scindé ; — Attendu qu'en écartant la défense de l'intimé, il ne reste plus qu'un traité qui fait la loi de ceux par qui il a été souscrit, et que, dès lors, c'est le cas d'en ordonner l'exécution ; — Par ces motif... etc...

Depuis l'arrêt de Lyon, un très grand nombre de décisions ont consacré le même principe; pour ne pas multiplier les citations, nous nous bornerons à rapporter le dernier jugement à notre connaissance. Il émane du tribunal de commerce de Honfleur, qui a statué en ces termes le 30 octobre 1889 (*Pand. franç. périod.*, 1890, 2, 72) :

Attendu que le 23 novembre 1882, le sieur Le Bouchez s'est assuré à la compagnie *le Patrimoine*, contre les accidents pouvant arriver à ses ouvriers ou employés. Attendu que l'assurance a été consentie pour deux ans, mais, qu'aux termes des conditions générales de la police, art. 8, l'assuré doit déclarer, six mois avant l'expiration de cette police, s'il entend ne pas continuer l'assurance, parce que, faute par lui de faire cette déclaration, elle continue pour une nouvelle période de même durée. Attendu que ni en 1884, ni en 1886, le sieur Le Bouchez n'a fait de déclarations; que c'est seulement le 13 juin 1887 qu'il a prévenu la compagnie qu'il entendait résilier sa police à compter du 30 de ce mois.

Attendu que cette compagnie refuse d'accepter la résiliation pour la dite époque, soutenant que l'assurance a continué en 1886 pour une nouvelle période de deux ans expirant seulement au 23 novembre 1888. Attendu qu'elle ne demande en réalité que l'application de l'article 8 de la police, qui ne peut donner lieu à aucune difficulté d'interprétation ; — Que le sieur Le Bouchez, en prévenant la compagnie le 13 juin 1887, n'était même pas dans le délai de six mois pour demander la cessation de l'assurance à la fin de la cinquième année ; — Que sa déclaration n'a donc pu avoir effet que pour 1888... par ces motifs... etc...

III

Le caractère obligatoire de la clause de tacite reconduction ne fait plus aujourd'hui de doute pour personne. Les auteurs et la jurisprudence s'accordent à reconnaître que la stipulation envisagée en elle-même est parfaitement valable (1), pourvu qu'elle ne renferme rien de contraire aux statuts, et qu'elle ne viole aucune prescription légale ou réglementaire.

α — La première condition est de toute évidence : Si la police est la loi des parties, les statuts sont la loi de la société, et celle-ci ne peut, par aucune convention particulière, faire échec aux dispositions qui la régissent.

C'est en s'inspirant de ces principes que la Cour de Limoges, par arrêt du 8 juin 1854 (*Bonnev. de Marsangy*, II-156), a annulé une clause de tacite reconduction insérée dans une police, alors que les statuts n'avaient point autorisé ce mode de renouvellement de l'assurance : Considérant, dit la Cour, que l'art. 30 des statuts qui font la loi de la société porte que chaque sociétaire est assureur et

(1) En ce sens : Alauzet, *Traité général des assurances*, II, n° 523. — Grün et Joliat, *Traité des assurances terrestres*, n° 53. — Duhail, *du Contrat d'assurance contre l'incendie*, n°s 877 et suiv. — De Lalande et Couturier, *Traité de l'assurance contre l'incendie*, n°s 877 et suivants. — Pouget, *Dictionnaire des assurances*, II, p. 933 et *Appendice* p. 1160. — Dalloz, *Jurisprudence générale, Supplément* v° Assurances terrestres n°s 259 et suiv. — Pandectes françaises, *Répertoire*, v° Assurance en général, n°s 1278 et suiv... etc... etc...

Parmi les innombrables décisions qui ont consacré la validité de la clause tacite reconduction, nous citerons : Trib. civ. de Bayonne, 10 juillet 1844. — Trib. de paix de Paris (2e arrond.), 14 octobre 1844. — Trib. de paix de Paris (8e arrond.), 8 juin 1848. — Trib. civ. de Rouen, 10 mai 1849. — Cour de Rouen, 1er décembre 1849 (cités par Pouget, *Dictionn. des assur. terrestres*, II, p. 671. — La Seine (civ.), 18 juillet 1851, *Bonneville de Marsangy*, III, 22. — Le Seine (comm.), 16 septembre 1851, *ibid.*, III, 26. — Just. de paix de Lombez, 13 mai 1852, *ibid.* III, 28. — La Seine (comm.), 12 févr. 1852, *Pouget, l. c.* II, p. 671. — Trib. civ. de Bordeaux, 11 avril 1853, *Mémorial de jurisprud. commerc. et marit. de Lehir*, 1853, 87. — Cour de Lyon, 9 janvier 1855, *Bonnev. de Mars.*, II, 162. — Cass., 23 févr. 1869. S. 1869. 1.199, D. 1869.1.413. — La Seine (civ.), 14 janv. 1874, *Bonnev. de Mars.*, III, 181. — La Seine (com.), 29 nov. 1883, *Journ. des trib. de comm.*, 1885, p. 15. — Trib. de Toulouse, 24 mai 1886. *Gaz. du Midi*, n° du 20 juin 1886. — Trib. comm de Honfleur, 30 octobre 1889. *Pand. franç. périod.*, 1890. 2.72. — La Seine (comm.), 16 septembre 1890. *Journ. des assur.* 1890, 465.

assuré pour cinq ans, et, qu'aux termes de l'art. 33, l'engagement mutuel de la société et des sociétaires *cesse immédiatement* par l'expiration de la période de l'engagement. — Considérant que ce n'est qu'en violant ouvertement ces deux articles des statuts que les gérants de la compagnie ont pu introduire dans la police d'assurance passée entre eux et le sieur Vacquand, le 1er avril 1840, que l'engagement arrivé au terme fixé par les statuts serait renouvelé de droit pour un même nombre d'années, si le sociétaire n'avait pas, au moins six mois à l'avance, fait connaître son intention formelle de se retirer de la société. — Considérant que cette disposition engage le sociétaire pour dix ans au lieu de cinq, terme fixé rigoureusement par les articles 30 et 33 des statuts, puisqu'il faudrait un acte formel du sociétaire pour se dégager... etc... (Cf. J. de p. de Nantes, 22 mars 1853, *Bonn. de Mars.*, III. 34, et 7 octobre 1853, *ibid.*, III, 37.)

La même idée se retrouve dans un jugement du Tribunal civil de la Seine du 9 mars 1859 (*Bonn. de Mars.* III. 72) : Attendu qu'aux termes de l'art. 7 les assurances sont contractées pour la durée de la Société, mais avec la faculté, soit pour la Société soit pour le sociétaire, de rompre l'assurance tous les quatre ans en se prévenant réciproquement trois mois d'avance... — Attendu qu'il n'est pas possible à la société de déroger à cette disposition; qu'autrement, la dérogation deviendrait bientôt la loi commune, et que la clause tutélaire des droits de l'assuré serait lettre morte. — En fait : Attendu que dans la police d'assurance souscrite par G.... il a été dit qu'il était admis à être membre de la société pendant douze années; — ...... Mais attendu qu'à supposer que cette clause particulière puisse être considérée comme une renonciation à la faculté de se retirer au bout de quatre ans, cette renonciation, d'après ce qui a été dit ci-dessus, serait nulle comme contraire aux statuts et devrait être considérée comme non écrite.. etc...

β — Nous avons dit, en second lieu, que, pour être valable, la clause de tacite reconduction devait respecter les prescriptions éditées par les lois et règlements en vigueur. Cette observation vise surtout les mutuelles et comporte quelques explications.

On sait que, depuis la loi du 24 juillet 1867, les associations de la nature des tontines et les assurances *sur la vie*, mutuelles ou à primes, sont seules soumises à l'autorisation du gouvernement. Les autres sociétés d'assurances peuvent se constituer librement, mais à la charge de se conformer au règlement d'administration publique annoncé par l'art. 66 de la loi de 1867, et qui a paru à la date du 22 janvier 1868. Ce décret réglementaire se divise en deux titres : Le premier, spécial aux assurances à primes, renferme une série de dispositions sur la constitution de la société, le mode de négociation des actions, la création du fonds de réserve, l'emploi des capitaux disponibles, enfin, les mentions que doivent contenir les polices. Le second titre, de beaucoup le plus important, est consacré aux mutuelles. Parmi les règles qui s'y trouvent tracées et dont l'étude n'entre point dans le cadre de cette monographie, il convient d'accorder une attention toute particulière à celles qui sont relatives aux statuts. Elles font l'objet des articles 25 à 28, Il nous suffira, pour l'intelligence de la discussion, de rappeler les termes de deux de ces textes :

Art. 25 : « Les statuts déterminent le mode et les conditions générales suivant lesquels sont contractés les engagements entre la société et les sociétaires. Toutefois, les sociétaires auront, *indépendamment de toute disposition statutaire*, le droit de se retirer tous les cinq ans, en prévenant la société six mois d'avance dans la forme indiquée ci-après. Ce droit sera réciproque au profit de la société. — Dans tous les cas où un sociétaire a le droit de demander la résiliation, il peut le faire soit par une déclaration au siège social ou chez l'agent local, dont il lui sera donné récépissé, soit par acte extrajudiciaire, soit par tout autre moyen indiqué dans les statuts. — Les statuts indiquent spécialement le mode suivant lequel se fait l'estimation des valeurs assurées, les conditions réciproques de prorogation ou de résiliation des contrats, et les circonstances qui font cesser les effets desdits contrats. »

Art. 28 : « Les polices remises aux assurés doivent contenir les conditions spéciales de l'engagement, sa durée, ainsi que les clauses de résiliation et de tacite reconduction s'il en existe dans les statuts. — La police constate, en outre, la remise d'un exemplaire contenant le texte entier des statuts. »

Ainsi, le décret de 1868 reconnaît aux sociétés le droit de déterminer dans leurs statuts les conditions auxquelles elles entendent soumettre la prorogation, la résiliation ou la cessation des contrats. Mais cette liberté n'est pas complète : Elle reçoit une limitation de l'art. 25 lui-même qui autorise les parties contractantes à rompre leurs engagements tous les cinq ans, en remplissant certaines formalités et en observant certains délais. En matière d'assurances mutuelles on peut donc concevoir une nullité spéciale de notre clause, résultant de ce que la tacite reconduction stipulée conformément aux statuts se heurte à une disposition du décret réglementaire.

L'exemple suivant servira de commentaire à cette remarque, il est emprunté à une décision toute récente du Tribunal de la Seine (La Seine, civ., 17 janvier 1890, *Jour. des assur.*, 1890, 105). Voici les faits :

Un sieur Faure-Dordat avait assuré à la mutuelle *l'Union industrielle*, devenue plus tard *la Réunion industrielle*, ses meubles et immeubles représentant une valeur de 54.000 fr. La police était faite pour une durée de dix ans et un mois, moyennant une cotisation annuelle de 36 fr. 15, et contenait un article imprimé ainsi conçu : « L'adhérent renonce à toute déclaration tendant à faire cesser l'assurance avant l'expiration de la période stipulée. » — Après avoir effectué ses versements pendant deux ans, l'assuré cessa de payer ses cotisations. Assigné par la compagnie qui lui réclamait le montant de huit annuités en retard, Faure-Dordat conclut reconventionnellement à la nullité du contrat d'assurance pour violation du décret de 1868. Le tribunal déclara l'engagement valable, mais il annula comme illicite la renonciation au droit de se désister. Le jugement est ainsi motivé :

Attendu que le décret des 22 janvier — 12 février 1868, art. 25, n'interdit pas entre les sociétés mutuelles et leurs adhérents des engagements d'une durée supérieure à cinq années ; qu'il prévoit même la possibilité d'un engagement de plus de cinq années, et réserve seulement aux sociétaires, indépendamment de toute disposition statutaire, le droit de se retirer tous les cinq ans, en prévenant la société six mois d'avance dans la forme que l'article indique ; — Qu'il est donc certain que la police n'est pas nulle par ce fait qu'elle a été contractée pour dix ans et un mois, et qu'il a été loisible à la société et à Faure-Dordat adhérent, de se lier ensemble pour dix ans et un mois, sauf le droit réservé tant à l'adhérent qu'à la société de faire cesser l'effet de la police tous les cinq ans en se prévenant six mois d'avance.

Attendu, il est vrai, que la clause de renonciation par Faure-Dordat à toute déclaration tendant à faire cesser l'assurance avant l'expiration de la police stipulée (dix ans et un mois dans l'espèce) est une violation flagrante des dispositions de l'art. 25 du décret susmentionné et que cette clause est radicalement nulle comme contraire à la loi ; — *Qu'il est donc certain que Faure-Dordat, tout en ayant consenti cette clause, était absolument libre de n'en tenir aucun compte, et de résilier sa police au bout de cinq ans, en prévenant six mois à l'avance la société l'Union industrielle qu'il entendait cesser d'être son adhérent ;* — Qu'il est donc également certain que la nullité absolue de ladite clause ou de la convention spéciale et particulière qu'elle contient n'entraîne pas la nullité de la police tout entière et des autres conventions toutes différentes qu'elle consacre ; — Qu'en effet, cette clause ne pouvant être assimilée à une *condition*, dans le sens juridique du mot, c'est-à-dire à un événement futur et incertain, auquel seraient subordonnées les obligations résultant du contrat, il n'est pas possible d'appliquer à l'espèce les dispositions de l'art. 1172 du Code civil,.. etc...

IV

Pour que la tacite reconduction produise son effet normal, il ne suffit pas que la stipulation soit régulière en la forme; il faut de plus que les choses qui ont fait l'objet des conventions primordiales existent encore, dans leur état primitif, au jour où l'engagement est prorogé pour un nouveau terme. Cette dernière condition, sur laquelle nous n'aurons pas besoin d'insister, tient à la nature même de la clause qui nous occupe. Qu'est-ce que la tacite reconduction? Un *renouvellement* ou une *continuation*, suivant qu'on envisage la police en elle-même, ou qu'on s'attache de préférence à ses effets, c'est-à-dire à l'assurance proprement dite. Celle-ci est *continuée*, elle suit son cours sans qu'aucun intervalle de temps, si minime qu'on puisse le concevoir, marque la transition d'une période à l'autre. A l'inverse, le contrat est *renouvelé* (1). A l'instant même où expire l'engagement originaire, un second engagement prend naissance qui succède au premier. Les deux conventions sont, en quelque sorte soudées, sans d'ailleurs se confondre, autrement que par la communauté du résultat.

Ces idées sont abstraites, et gagneront à être précisées par un exemple : j'ai contracté une assurance avec une mutuelle et ma police contient la clause suivante : « La présente assurance est faite pour la durée de la société, dans les termes des statuts; il est entendu en conséquence qu'elle est résiliable de part et d'autre, à la fin de chaque période de cinq ans, en se prévenant au moins six mois d'avance. » — Par ce seul fait que, depuis le jour où j'ai donné mon adhésion, quatre années et demie se sont écoulées sans désistement signifié de part ni d'autre, il se forme entre la compagnie et moi, un nouveau contrat pour cinq autres années *à compter des cinq premières*. Ainsi,

(1) Nous fondons cette opinion sur un argument d'analogie tiré des art. 1738 et 1776 du Code civil au titre du Louage. Le premier de ces textes est ainsi conçu : « Si à l'expiration des baux écrits, le preneur reste et est laissé en possesion, il s'opère *un nouveau bail* dont l'effet est réglé par l'article relatif aux locations faites sans écrit. » — L'art. 1776 renferme une disposition identique relative aux baux ruraux. — Les termes employés par la loi ne laissent aucun doute. Au surplus, l'étymologie du mot reconduction (*re conducere*, prendre de nouveau à bail) éveille bien l'idée d'un renouvellement.

pendant six mois vont coexister deux engagements distincts : le second, à la vérité, ne doit produire effet qu'à l'expiration de la première période, mais il n'en est pas moins parfait en tant qu'engagement à terme ; nous ne pouvons, ni la société ni moi, nous en dégager, et son exécution seule est ajournée. La police est donc renouvelée quand l'assurance dure encore. L'assurance, si je puis m'exprimer ainsi, chevauche sur la convention primordiale et sur sa prorogation ; voilà pourquoi il n'y a aucune solution de continuité dans son cours.

Cette analyse cesse d'être exacte, on le comprend, si la situation a subi une modification sensible depuis le jour où les parties ont échangé leurs consentements une fois pour toutes, si par exemple l'objet assuré n'existe plus, ou encore si le risque a changé de nature ou d'étendue. La Cour de Lyon a fait application de ces principes en condamnant une compagnie qui réclamait le bénéfice d'une clause de tacite reconduction insérée au contrat, alors que, dans la première période courue, elle avait consenti une nouvelle police à l'assuré, pour les mêmes objets et sous des conditions moins onéreuses. (Lyon, 5 avril 1889, *Monit. judic. de Lyon*, du 24 mai 1889. — V. des espèces et des solutions semblables, dans deux autres décisions : tribun. de paix d'Epernay, 3 novembre 1885, *Monit. des juges de paix*, 1886. p. 118 ; — tribun. de paix du Puy, 2 avril 1887, *ibid* p. 262).

V

Le désistement est l'acte par lequel l'assureur ou l'assuré déclare s'opposer à ce que la clause de tacite reconduction produise effet; le plus souvent la faculté de résiliation est réciproque. Qu'arrive-t-il, lorsque ni les statuts ni la police ne se sont expliqués sur ce dernier point ?

Ici une distinction est nécessaire :

A l'égard des mutuelles, la question est tranchée par un texte, l'art. 25 du décret de 1868 : « Les sociétaires auront, indépendamment de toute disposition statutaire, le droit de se retirer tous les cinq ans... Ce droit sera réciproque au profit de la société. » — On le voit, le principe est formulé en termes aussi impératifs, que le droit pour l'assuré de se retirer tous les cinq ans. Nous en concluons que les mots *indépendamment de toute disposition statutaire* doivent, au point de vue de la réciprocité, recevoir l'interprétation que nous leur avons donnée à propos de la faculté de résiliation elle-même. Ils ne font pas seulement allusion au cas où les statuts sont muets, ils visent encore l'hypothèse où cette faculté n'aurait été stipulée qu'en faveur de l'une des parties. L'autre n'en conserverait pas moins le droit de signifier son désistement; telle est la solution qui nous paraît commandée par le texte de l'art. 25.

La question est moins simple en ce qui concerne les assurances à primes fixes. Un arrêt de la cour de Paris du 15 juillet 1832 (*Bonnev. de Mars*, II, 16) admet la réciprocité comme une thèse générale s'appliquant dans tous les cas. La décision se fonde sur le caractère synallagmatique du contrat d'assurance, et sur cette observation très juste, que toutes les obligations auxquelles il peut donner naissance sont corrélatives. Il en résulte qu'on ne saurait présumer une stipulation en vertu de laquelle l'engagement devrait être plus longtemps exécuté par l'assureur que par l'assuré, ou inversement. Depuis 1868, ces considérations se sont doublées d'un argument d'analogie fourni par l'art. 25 du décret du 22 janvier. Il n'y a évidemment aucun motif sérieux pour ne pas étendre aux assurances à primes le principe de la réciprocité qui résulte de cette disposition. Seulement, à la différence de ce que nous avons décidé tout à l'heure, rien ne s'oppose ici à ce qu'une clause formelle de la police, faisant échec à cette présomption, accorde à l'une des parties, à l'exclusion de l'autre, le droit de résilier le contrat à l'expiration d'une période préfixe. Cette prohibition n'a été édictée que pour les mutuelles par le règlement d'administration publique.

VI

La police indique quelles sont les conditions de délai à observer pour que le désistement soit valable, et les parties sont, en principe, maîtresses de fixer comme elles l'entendent le terme passé lequel elles ne seront plus admises à demander la cessation du contrat. Toutefois, l'art. 25 du décret de 1868 apporte une restriction à cette règle, en permettant aux sociétaires de se retirer tous les cinq ans en prévenant *six mois d'avance*, et ce droit, nous venons de le voir, est réciproque au profit de la société. En matière d'assurances mutuelles, il existe donc, au point de vue qui nous occupe, une limite que les conventions particulières ne peuvent franchir. Le législateur ne veut pas que le sociétaire (ou la société) soient obligés de prendre un parti trop longtemps d'avance. Il suffit que la détermination soit notifiée six mois avant l'échéance de l'engagement primordial. Mais les statuts, cela va sans dire, peuvent se contenter d'un laps de temps plus court et réduire, par exemple, le terme à trois mois.

Pour en terminer avec cet ordre d'idées, il nous reste à examiner si un désistement tardif, impuissant à délier l'assuré pour la période qui va s'ouvrir ou qui s'est déjà ouverte, a du moins pour effet de le dégager vis-à-vis de la société pour la période suivante. « Nous ne le pensons pas, répondent MM. de Lalande et Couturier, car l'intention de l'assuré n'a pas dû être de vouloir empêcher, à si longue échéance, la formation d'un engagement nouveau. Il en serait toutefois différemment si la volonté clairement exprimée de l'assuré ne permettait pas de douter qu'il a entendu, quoi qu'il arrive et quand bien même l'époque de la cessation du contrat serait éloignée, rompre les liens qui l'attachent à la société. » (De Lalande et Couturier, *l. c.*, § 884.)

Tel n'est point notre avis. Le désistement implique toujours, de la part de celui qui le notifie, l'intention de mettre fin aux conventions, et d'y mettre fin le plus tôt possible. S'il est tardif il est sans effet à l'égard de la période qui s'ouvre ou qui va s'ouvrir; mais pourquoi, s'il est régulier en la forme, ne vaudrait-il pas pour la période suivante? Y a-t-il donc un délai *avant* lequel il n'est pas permis de se désister? Remarquons qu'il ne s'agit pas de rechercher si l'assuré veut « empêcher à longue échéance la formation d'un engagement nouveau ». Par ce seul fait que le délai fixé pour signifier désistement s'est écoulé sans que cette formalité soit remplie, le nouvel engagement s'est formé, nous l'avons vu; il est parfait, comme engagement à terme, et son exécution seule est ajournée jusqu'à l'expiration de la période en cours. Ni la compagnie ni l'assuré ne peuvent le rompre, aussi le désistement que l'un ou l'autre fait tardivement notifier ne produit-il pas cet effet. Mais comme l'acte intervient après le renouvellement du lien contractuel (sans quoi il ne serait pas tardif), ou il n'a pas de sens, ou il indique que l'assuré désire se dégager au plus tôt. Il a donc pleine efficacité pour empêcher un second renouvellement. Si les compagnies veulent éviter ce résultat, elles feront bien de mentionner dans les polices que le désistement ne devra être signifié ni avant telle époque ni après telle autre.

VII

Le sociétaire qui veut faire cesser l'assurance est-il obligé, à peine de nullité, d'employer le mode de désistement spécifié dans son contrat, et ne peut-il recourir à tout autre procédé équivalent? La police prévoit, par exemple, une déclaration au siège social ou chez l'agent

local. L'assuré peut-il suppléer à cette formalité par la signification d'un acte extrajudiciaire ou par l'envoi d'une lettre chargée? Cette question, assurément des plus pratiques, est l'objet de controverses qui ne sont pas près de finir. Quant à la jurisprudence, sur cette matière comme sur beaucoup d'autres, elle ne présente qu'une unité plus que relative.

La solution paraît cependant bien simple, au moins en ce qui concerne deux formes de désistement, la déclaration au siège social et l'acte extrajudiciaire. Ces deux modes sont expressément visés par l'art. 25 du décret de 1868 : «... Dans tous les cas où un sociétaire a le droit de demander la résiliation, il peut le faire soit par une déclaration au siège social, dont il lui sera donné récépissé, soit par acte extrajudiciaire, soit par tout autre moyen indiqué dans les statuts. » — Jusqu'à la promulgation de ce texte, les tribunaux annulaient, en thèse générale, tout désistement qui n'avait pas été donné en la forme prévue par les statuts (1). Toutefois, des divergences se manifestaient dans les décisions relatives aux avertissements notifiés par huissier, et le Tribunal de la Seine, pour ne citer que lui, avait plusieurs fois varié d'opinion à cet égard... Attendu, lisons-nous dans un jugement du 3 avril 1869, que la société soutient que la forme prise par les défendeurs pour leur déclaration est contraire aux dispositions de l'art. 23 des statuts, et dès lors doit être annulée; — Mais attendu que si ledit article indique une forme particulière pour la déclaration à faire par les assurés de leur retraite de la société, cette forme n'est pas imposée à peine de nullité, et que rien ne s'oppose à ce que les assurés puissent recourir au mode ordinaire par lequel on fait signifier à une autre partie sa volonté de faire cesser ou de continuer un engagement dont l'une des périodes va bientôt arriver à expiration ; — Attendu qu'un acte extrajudiciaire signifié par un huissier, officier public qui certifie les déclarations faites par son client, comme font tous les jours les huissiers pour les congés et les résiliations de baux, suffit pour avertir la compagnie... etc... (La Seine, civ., 3 avril 1869, *la Prudence* contre Mortier et Courtois, *Bonnev. de mars.*, III, 144.)

Quelques années plus tard, le tribunal de la Seine, dans une affaire où la même compagnie était en cause, émettait un tout autre avis : ... Attendu, disait-il, que pour se refuser

(1) V. notamment la Seine (civ.), 29 janvier 1863. *Bonnev. de Marsangy*, III, 94. — Juge de paix, Paris, 24 octobre 1862, *ibid.*, III, 94. — La Seine (civ.), 12 nov. 1863, *ibid.*, III, 100. — Cour de Paris, 18 mars 1865, *ibid.*, II, 299. — Just. de paix, Nantes, 26 avril 1865, *ibid.*, III, 112.

au paiement des primes qui lui sont réclamées, Derouet soutient que, par acte d'huissier en date du 20 septembre 1867, il a signifié à la société sa volonté de faire cesser son contrat d'assurance, et que le contrat a cessé d'exister depuis la fin de l'année 1872 — Mais attendu qu'aux termes de l'art. 23 de la police qui fait la loi des parties, la déclaration doit être faite au siège de la société, soit par l'assuré, soit par mandataire porteur de sa procuration. — Attendu que l'huissier dont le mandat peut être désavoué n'est pas un mandataire suffisant, puisqu'il n'est pas porteur de la procuration de l'assuré; — Que la signification dont s'agit n'a pas mis fin au contrat, et que, dès lors, Derouet doit les primes qui lui sont réclamées — p. c. m.. (La Seine civ. 1er juillet 1873, *Bonnev. de Mars*. III. 173. *Journ. des Assur*. 1874. 179).

Ce raisonnement, fort contestable d'ailleurs, ne peut plus être tenu aujourd'hui en présence du décret de 1868, et si le tribunal de la Seine a pu, en 1873, juger qu'un désistement par acte d'huissier avait était inefficace bien que la compagnie en cause fût une mutuelle, c'est que la notification était du 20 septembre 1867, antérieure de quelques mois à la promulgation du Décret; il fallait donc se reporter à cette date pour apprécier, en 1873, la validité de la signification.

A la vérité, il semble résulter de la place qu'occupe l'art. 25 dans le règlement d'administration publique, que le *Mutualiste* seul peut se prévaloir des modes privilégiés de désistement prévus par cette disposition : mais, sur ce point encore, nous pensons que notre texte est susceptible d'une interprétation plus large. Si le décret n'a parlé que des mutuelles, c'est, d'une part, que cette forme d'assurance appelait d'une manière toute spéciale l'attention du gouvernement. C'est aussi parce que la tacite reconduction, qui est le droit commun en matière d'assurance mutuelle, ne se présentait que très exceptionnellement (surtout en 1868) dans l'assurance à primes fixes. Au fond, il n'y aucun motif pour traiter d'une façon différente les deux genres de contrat. L'assuré pourra donc toujours, indépendamment des modes spécifiés dans la police, faire cesser l'assurance au moyen soit d'un acte extrajudiciaire notifié par huissier, soit d'une déclaration au siège social, dont il lui sera donné récépissé, le tout dans le délai convenable (V. deux décisions du Tribun. civil de la Seine, du 16 avril 1880 (1). *Bonnev. de Mars*. III. 249 et 250. *Journ. des*

(1) L'une de ces décisions (*la Préservatrice* contre Artige) a été confirmée sur appel, par la Cour de Paris, 16 mars 1882. D. 1883. 2. 164; L'arrêt s'inspire des mêmes considérations que le jugement.

assur. 1880. 253 et 255. — Aix, 26 octobre 1886, *Bullet. d'Aix* 1887. 115. — Amiens 16 novembre 1886, *Recueil d'Amiens* 1887. 51).

VIII

Nous avons hâte d'arriver à un autre procédé de désistement qui, pour être d'un usage assez répandu, ne laisse pas de soulever des difficultés. Quelle est la valeur de l'avertissement à fin de résiliation donné par lettre recommandée, lorsque les statuts n'ont pas prévu cette manière de faire cesser l'assurance? C'est sur ce point, surtout que la jurisprudence présente peu d'unité. Nous n'entreprendrons pas de concilier les décisions contraditoires auxquelles cette question a donné lieu. Nous pensons être plus utile à nos lecteurs en dégageant ce que nous croyons être les vrais principes et en les appuyant par quelques documents judiciaires choisis dans le nombre.

Et tout d'abord, une observation : il faut, dans cette discussion distinguer nettement ce qui a trait à la résiliation elle-même et ce qui concerne simplement la preuve de cette résiliation. Il peut se faire que la police n'exige pas de l'adhérent qu'il manifeste *par écrit* son intention de se retirer (1). Dans ce cas, une notification même verbale est suffisante, sauf à l'assuré à se ménager la possibilité d'établir que ses intentions ont été portées en temps utile à la connaissance des intéressés (Paris 10 juillet 1868, S. 1869. 2 142. — Cass. 23 février 1869 S. 1869 .1. 199. D. 1869. 1. 413). A cet égard la démonstration est soumise aux règles ordinaires sur la constatation des contrats civils ou commerciaux. Selon le caractère de l'engagement (2), la preuve du désistement sera donc administrée soit par les modes énoncés en l'art. 109 du code de commerce, soit par

(1) L'écriture n'est pas de l'essence du contrat d'assurance terrestre; l'acte écrit n'est que l'instrument destiné à la preuve de l'engagement. V. Colmar 4 février 1868. D. 1868. 2. 191.

(2) Disons à ce propos que si les compagnies d'assurance sont incontestablement des sociétés commerciales, les mutuelles, ne poursuivant aucun but de spéculation ne doivent pas être considérées comme des commerçants ni même comme de véritables sociétés aux termes de la définition de l'art. 1832 c. civ : « La société est un contrat par lequel deux ni plusieurs personnes conviennent de mettre quelque chosé en commun, dans la vue de partager *le bénéfice* qui pourra en résulter. » En ce sens, Paris 25 mars 1873. D. 1875. 2. 17. — Toutefois, les mutuelles deviennent de véritables sociétés commerciales si elles font habituellement des actes de commerce. V. sur ce dernier point : Cass. 15 juillet 1884. D. 1885. 1. 173. — Dijon, 10 juin 1889. *Revue des Sociétés*, 1890-91. — Cass.

les voies et moyens autorisés en matière civile. Dans l'hypothèse où nous nous plaçons, la résiliation du contrat d'assurance peut être établie, suivant le cas, par témoins, par les livres des parties, par la correspondance (1), et, à supposer même que le contrat soit purement civil, une lettre missive, si elle ne fait pas foi complète de la cessation de l'assurance, peut servir de commencement de preuve par écrit et permettre de démontrer par témoins que l'avertissement a réellement été donné (civ. art. 1341 et 1347).

Nous n'insisterons pas davantage, car les statuts supposent presque toujours une notification écrite. Il est alors intéressant de rechercher ce que vaut une résiliation adressée par lettre chargée, quand la police ne prévoit, comme modes du désistement, qu'une signification extra-judiciaire ou une déclaration couchée sur les registres de la société.

La question étant ainsi délimitée, il faut, pour la résoudre, se placer successivement dans la période antérieure et dans la période postérieure au décret de 1868.

Dans l'ancien état de la législation, de vives controverses s'étaient élevées sur la validité de ce moyen de résiliation : en faveur de la négative on observait, non sans raison, que si le récépissé délivré par la poste constate officiellement la date de la remise, ainsi que les noms de l'expéditeur et du destinataire, il ne fournit aucune indication sur le contenu de la lettre ; que, par suite il ne constitue qu'un élément de preuve essentiellement vague et incertain. (En ce sens, just. de paix de Paris, 2 sept. 1859. *Bonnev. de Mars.* III. 77. — Just. de paix d'Aigrefeuille, 19 juillet 1866, *ibid.* III. 124). Pourtant, l'affirmative avait fini par prévaloir. Le tribunal civil de Rouen, par deux décisions en date des 4 mars et 27 avril 1861, *Bonnev. de Mars* ; III. 85 et 86, s'était nettement prononcé pour la validité du désistement. La Cour d'Angers, dans un arrêt

23 octobre 1889. D. 1889, I. 474. — Cf. LYON-CAEN et RENAULT, *Précis de Droit commercial*, I, n° 116. — On décide, en particulier, qu'une Société mutuelle qui emprunte la forme des cotisations fixes doit être assimilée aux Compagnies d'assurances à primes et déclarée commerçante comme ces dernières. V. l'arrêt précité de la Cour suprême du 23 octobre 1889.

Nous ne parlons, bien entendu, que des mutuelles *terrestres*. Toutes les assurances concernant le commerce de mer sont des entreprises commerciales, qu'elles se présentent sous la forme de mutuelles, ou sous la forme d'assurances à primes fixes. Les termes de l'art. 633 co. co. n'autorisent aucune distinction.

(1) V. des applications dans les décisions suivantes : La Seine (civ.) 7 août 1854. *Bonnev. de Mars.* III. 40 — Cass., 10 avril 1860. D. 1860. I. 271. — Bordeaux, 8 août 1861. D. 1863. 5. 301.

du 22 décembre 1864. D. 1865. 2. 44, avait consacré la même opinion, en s'inspirant des motifs suivants :

Attendu que l'art. 25 des statuts de la Société d'*Assurance mutuelle immobilière du Mans* est ainsi conçu : « La déclaration de cessation d'assurance, de la part du sociétaire, devra être faite au siège de la société ou au bureau de l'agent du canton.» — Attendu que dans les délais fixés par les statuts, et par lettre chargée en date du 23 févr. 1863, Chanteau, sociétaire la Société d'*Assurance mutuelle immobilière*, a adressé à de Chavagnac, directeur de cette société, la déclaration qu'il entendait retirer de l'assocation, à partir de la période courante, échéant, sauf erreur, le 1er juin 1863, tous les objets qu'il avait assurés ; — Attendu qu'un certificat du directeur des postes du Mans, constate qu'une lettre déposée à la poste, par Chanteau, le 23 févr. 1863, a été remise le même jour à de Chavagnac.

— Et attendu que celui-ci ne conteste pas que cette lettre contenait la declaration par Chanteau, de se retirer de l'association.

Attendu que de Chavagnac soutient que les sociétaires de *l'Assurance mutuelle immobilière du Mans* ne peuvent se dégager de leur association que dans la forme prescrite par l'article 25 des statuts, et que Chanteau se prétend valablement dégagé par la lettre du 23 février ; — Attendu que l'assurance est un contrat de bonne foi, dont les termes et clauses doivent être interprétés équitablement ; — Attendu que l'art. 25 des statuts n'impose pas à l'assuré l'obligation de se présenter en personne au siège de la Société pour y faire la déclaration de la cessation de son assurance, et ne lui défend pas de faire sa déclaration par écrit ; — Attendu que la volonté de Chanteau a été clairement manifestée par sa lettre du 23 février 1863 ; — Attendu que cette volonté a été connue en temps utile, au siège de la société, et qu'ainsi ont été remplies les deux conditions essentielles stipulées par l'art. 25 des statuts pour la cessation d'assurance... etc...

Les hésitations qui résultaient avant 1868 du silence des textes, auraient dû cesser depuis la promulgation du décret réglementaire. L'article 25 est conçu en termes non équivoques et il résulte bien de sa disposition, que les seuls modes de désistement dont l'usage est de plein droit, sont la déclaration au siège social et l'acte extra-judiciaire. Le texte ajoute (ce qui d'ailleurs allait de soi), qu'on peut encore se désister *par tout autre moyen indiqué dans les statuts*. Qu'est-ce à dire, sinon que la lettre chargée rentre dans ces *autres moyens* dont l'assuré ne peut se servir qu'à la condition d'y être autorisé par les statuts ?

En présence d'une disposition si claire, on comprend

difficilement que la controverse dure encore ; elle est cependant plus vivante que jamais. La validité du désistement par lettre chargée est reconnue par le tribunal civil de la Seine (jugement du 17 juin 1880, *Journ. des assur.* 1881, 8), et par une décision du tribunal de Chartres du 5 avril 1881, *même recueil*, 1881, 440. Les mêmes solutions ont été, plus récemment encore consacrées par le tribunal de Montpellier, 7 mai 1886, *Recueil period. des assur*. 1886, 307 ; par la Cour d'Aix, arrêt du 26 octobre 1886, *Bulletin d'Aix*, 1887, 115 ; enfin, par la Cour d'Amiens, arrêt du nov. 1886, *Recueil d'Amiens*, 1887, 51. V ; *Répert. de la Gaz. du Palais*, V° *Assur. Mutuelles*, n° 82.

De son côté la Cour de Paris s'est prononcée en sens contraire par deux décisions en date du 16 mars 1882 (*la Préservatrice* contre Arnoult, et *la Préservatrice* contre Caravillot, D. 1883, 2. 164) : Considérant, dit la Cour, qu'en devenant membres de la société d'assurances mutuelles *la Préservatrice*, les intimés ont adhéré à ses statuts et pris l'engagement de s'y conformer ;

Considérant que l'emploi par eux d'une lettre chargée, pour notifier à la société leur volonté de cesser d'en faire partie n'était pas autorisé par l'art. 18 des statuts...

Considérant que, s'il est vrai que l'art. 25 du décret du 22 janvier 1868, rendu en conformité de la loi du 24 juillet 1867, énonce, comme devant toujours rester à la disposition de l'assuré, indépendamment de toute stipulation, certains modes de résiliation, l'emploi d'une lettre chargée n'y figure pas plus que dans les statuts ; Que c'est donc à tort que les intimés ont fait usage d'un mode dont ni les statuts ni le décret sus-énoncé ne les autorisaient à se servir pour se retirer de la société *la Préservatrice ;* qu'il n'a pu avoir pour effet de rompre leur contrat, et qu'ils restent engagés vis-à-vis de ladite société...

En faveur de cette dernière opinion, que nous partageons sans réserve, on pourra consulter un arrêt d'Orléans, du 13 mars 1883. D. 1883. 2. 165, et un arrêt de Nancy du 30 juillet 1886. D. 1887. 2. 39. Comme la Cour de Paris, la Cour de Nancy fonde sa décision sur ce motif que la lettre chargée ne saurait équivaloir à l'acte extra-judiciaire, seul visé par l'art. 25 du décret de 1868 ; que, par suite l'assuré ne peut recourir à ce mode de désistement que si les statuts sociaux en ont expressément autorisé l'emploi.

Voilà des principes qui nous paraissent incontestables, et des solutions auxquelles il sera prudent de se conformer dans la pratique.

Imprimerie Emmanuel VITTE, rue Condé, 30, Lyon.

www.ingramcontent.com/pod-product-compliance
Ingram Content Group UK Ltd.
Pitfield, Milton Keynes, MK11 3LW, UK
UKHW020449220726
13923UKWH00005B/2420